AVANT-PROPOS

De la littérature, pour quoi faire ?

Le cycle 2, cycle des apprentissages fondamentaux, est le moment où se construit le socle de la réussite scolaire. Il doit permettre à chaque élève d'accéder à la lecture et à l'écriture tout en se familiarisant avec leur dimension culturelle sans laquelle tout apprentissage demeurerait décontextualisé et vide de sens. Ouvrir aux enfants la porte de la littérature, c'est les introduire dans des univers imaginaires, leur permettre de répondre à des questions existentielles à travers des œuvres de fiction, susciter leur curiosité et leur appétit d'apprendre.
À partir de ces références littéraires, les élèves se constitueront des premiers repères qui entreront en résonance avec les expériences et les lectures à venir.

Quelles œuvres choisir ?

Le bibliobus Hachette propose aux jeunes lecteurs des œuvres intégrales de littérature de jeunesse propres à nourrir leur réflexion, à faire naître des interrogations, et qui sont adaptées à leur connaissance de la langue, à leurs compétences de lecture et de compréhension.
Elles ont été choisies parmi les œuvres du patrimoine, le fonds de littérature jeunesse des éditions Hachette Jeunesse et le fonds de bandes dessinées jeunesse des éditions Delcourt.

Devenir lecteur

Dans le prolongement de l'école maternelle, la lecture régulière de contes, d'albums et de premiers romans destinés aux jeunes enfants,

est un élément décisif de la construction d'un comportement de lecteur.
Il convient donc, avant tout, d'écouter et de lire beaucoup d'histoires.
L'enseignant conduit les élèves à reformuler le texte, à en repérer les étapes, à tenter d'anticiper, à débattre de son contenu.
Il les aide à tisser des liens entre l'œuvre abordée et d'autres récits.

La littérature à l'école

Apprendre à lire, c'est mettre en jeu en même temps deux compétences très différentes : identifier des mots et comprendre un texte.
Le plus souvent les apprentis lecteurs ne maîtrisent pas encore suffisamment les automatismes du déchiffrage pour accéder seuls à des œuvres posant de véritables problèmes de compréhension.
Les manuels d'apprentissage reflètent cette situation en ne proposant que des textes courts et peu complexes sur le plan narratif.
Il est donc nécessaire de présenter, en complément des supports d'apprentissage, des œuvres de littérature de jeunesse pour développer les compétences et les stratégies de compréhension.
Les nombreuses lectures à haute voix des enseignants, parents, médiateurs du livre, favoriseront l'accès de chaque enfant au monde de l'écrit. L'habitude de fréquenter des livres deviendra progressivement une culture.

Pascal Dupont
Formateur à l'IUFM Midi-Pyrénées

Le bibliobus

CP/CE1
cycle 2

4 œuvres complètes

- **Les trois boucs**
  Conte populaire norvégien

- **Henri tête-en-l'air**
  de Christel Desmoinaux

- **Les blagues de Toto** B. D.
  de Thierry Coppée

- **Ouh ! La menteuse !**
  de Leslie Bedos

Notes de **Pascal Dupont**
Formateur
IUFM Midi-Pyrénées

HACHETTE
Éducation

Henri tête-en-l'air et *Ouh ! La menteuse !*
première publication aux éditions Hachette Jeunesse dans la collection « Cadou », © Hachette Livre.

ISBN : 2.01.11.6508.3

43, quai de Grenelle 75905 Paris cedex 15
www.hachette-education.com

Conte populaire norvégien

Les trois boucs

Illustré par Christian Kingue Epanya

Il était une fois trois boucs : Petit Bouc, Moyen Bouc et Grand Bouc.

un bouc : le mâle de la chèvre

Ils vivaient heureux près d'une rivière.

Un jour, Petit Bouc dit :
« J'ai faim. »

Moyen Bouc dit :
« J'ai très faim. »

Grand Bouc dit :
« J'ai très très faim. »

Mais, il n'y avait plus d'herbe à manger.

Petit Bouc dit : « De l'autre côté de la rivière, l'herbe est verte. »

Moyen Bouc dit : « De l'autre côté de la rivière, l'herbe est haute. »

Grand Bouc dit : « De l'autre côté de la rivière, l'herbe est grasse. »

grasse : épaisse, abondante

traverser : passer de l'autre côté

méchant : affreux, très laid

un troll : un lutin horrible et bête des contes du nord de l'Europe

Pour traverser la rivière, il y avait un pont.
Mais, sous le petit pont de bois, il y avait un méchant troll.

Et ce troll avait de méchantes dents et de méchantes oreilles !

Et ce troll
avait
très
très
très faim !

Petit Bouc passa le premier.

« Clop, clop, clop », faisaient ses petits sabots sur le pont.

qui va là ? : qui vient ?

« Qui va là, cria le troll ?
– Je suis Petit Bouc. Je suis petit et maigre.

n'empêche : ça ne fait rien

– N'empêche, je vais te manger !

– Non, non, non, je suis petit et maigre ! Mon frère, Moyen Bouc, vient derrière moi. Il est beaucoup plus gras.
– Alors, passe. Je vais l'attendre. »

Et Petit Bouc traversa le pont.

Moyen Bouc passa à son tour.

« CRAC, CRAC, CRAC », faisaient ses sabots moyens sur le pont.

« Qui va là, cria le troll ?
– Je suis Moyen Bouc. Je ne suis ni gros, ni maigre.
– N'empêche, je vais te manger !

– Non, non, non, je ne suis ni gros, ni maigre. Mon frère, Grand Bouc, vient derrière moi. Il est beaucoup plus gras.
– Alors, passe. Je vais l'attendre. »

Et Moyen Bouc traversa le pont.

C'était le tour de Grand Bouc.

« BADAM ! BADAM ! BADAM ! » faisaient ses grands sabots sur le pont.

« Qui va là, cria le troll ?
– Je suis Grand Bouc. Je ne suis pas gros, mais je suis grand et fort.
– C'est toi que j'attendais. Je vais te dévorer !

dévorer : manger à pleines dents

– Non, non, non je suis grand et fort. C'est toi qui vas goûter de mes cornes ! Grand Bouc chargea le troll avec colère. Le vilain gnome bascula dans la rivière.

goûter de : prendre un coup de

charger : foncer sur

le gnome : le méchant petit lutin

basculer : tomber

Plus jamais on n'entendit parler du troll...

Et nos trois boucs ?

Ils sont tous heureux, gros et gras maintenant.

Christel Desmoinaux

Henri tête-en-l'air

Illustré par Christel Desmoinaux

Henri est un étourdi.
Il oublie ce qu'on lui dit,
et fait toujours tout à l'envers.

un étourdi :
quelqu'un qui
oublie de faire
attention

Tous les matins, quand il s'habille sa maman se désespère : « Mais qu'est-ce que je pourrais faire pour que tu sois moins tête en l'air ? »

se désespérer : se décourager

Comme Henri ne retient pas ses leçons, le maître se met en colère et crie :
« Bougre de tête en l'air ! »

bougre de tête en l'air ! : quel étourdi !

Rien ne s'arrange à la sortie. Le grand Thierry se moque d'Henri.
Il lui dit :
« Regarde en arrière,
tu perds quelque chose, tête en l'air ! »

Le chat Groscâlin, surtout quand il a faim, miaule :
« Imbécile de tête en l'air, l'ouvre-boîte, à quoi ça sert ? »

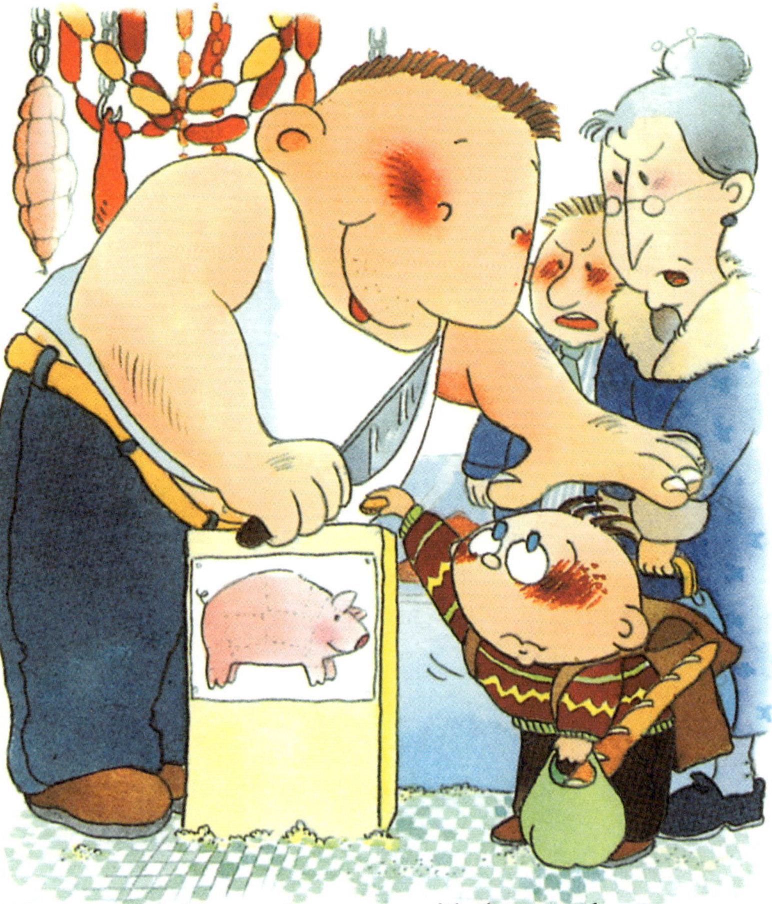

Chez Didier, le gentil boucher, Henri oublie toujours sa monnaie. Les gens qui attendent derrière grommellent :
« Ah ça, quelle tête en l'air ! »

grommeler : bougonner, parler entre ses dents

Henri se sent triste et seul.
Il pense que ce n'est pas très drôle d'être tellement tête en l'air.

Ce matin, tout va encore plus mal.

Henri a oublié de faire ses devoirs, et toute la classe rit et répète : « Tête en l'air ! Tête en l'air ! »

répéter : dire la même chose encore une fois

Alors Henri ferme les yeux. De toutes ses forces, il se dit : « Je voudrais être très loin d'ici ! »

Mais soudain que se passe-t-il ?
« La tête d'Henri a changé ! »
s'écrie Coralie toute effrayée.

Ça alors ! Comme une montgolfière,
Henri s'élève dans les airs !

une montgolfière : un ballon gonflé à l'air chaud et équipé d'une nacelle pour emmener des passagers

s'élever : aller vers le haut

Et le voici qui s'envole, par la fenêtre de l'école !
« C'est affreux ! se désole l'instituteur.
Nous ne le reverrons jamais, j'en ai peur !

Tout là-haut, Henri est heureux
car les oiseaux jouent avec lui.
Ils disent :
« Tu es extraordinaire,
jolie petite tête en l'air ! »

Henri vole avec les oiseaux. Maintenant, il est follement heureux de ne pas avoir les pieds sur terre et d'être, pour de bon, tête en l'air !

follement : extrêmement

pour de bon : vraiment

regretter : être triste (d'avoir fait quelque chose)

Sur terre, le maître et les élèves regrettent de s'être moqués d'Henri.
Ils lui crient :
« On t'aime beaucoup !
Reviens vite vers nous ! »

En entendant leurs cris,
Henri est tout surpris.
Et il lance :
« Vous ne rirez plus de moi ?
Vous serez tous gentils ? »

Et chacun de répondre : « Oui !
Oui ! Oui ! »

rétrécir : diminuer

Alors la tête d'Henri rétrécit.
Et le voici qui atterrit.

accourir : venir en courant (le plus vite possible)

Tout le monde accourt et dit :
« Que nous sommes contents de
te revoir ici ! »

« Tu en as de la chance de pouvoir t'élever dans les airs ! s'exclame le grand Thierry.

s'exclamer : dire très fort un mot ou une phrase

– Ce qu'on va s'amuser, ajoute Coralie. Tu recommenceras, n'est-ce pas, Henri ?

– C'est promis ! »

Depuis ce jour, Henri, à la grande joie de ses amis, récite ses leçons à sa manière. Une vraie manière de tête en l'air !

Ecriture

Quand il va chez le boucher,
Henri n'oublie plus sa monnaie.
Et si le gentil Didier lui court après,
c'est pour lui donner son paquet.

Le grand Thierry a même dit à Henri :
« À partir d'aujourd'hui, soyons amis.
Je te rendrai des services, à toi qui es si étourdi ! »

Henri et tous ses copains passent beaucoup de temps à jouer au ballon.
Évidemment, c'est Henri le champion !
Et toute la classe trouve ça super, d'avoir un ami aussi tête en l'air !

Thierry Coppée

Les blagues de Toto

Illustré par Thierry Coppée

des fruits verts :
des fruits qui ne sont pas encore mûrs

Il était un petit navire

(*) SE PRONONCE : "YAUT" OU [jɔt].

un yacht :
un grand bateau de plaisance

Le génie du puzzle

un génie :
une personne d'une intelligence extraordinaire

Mâche-mamie

une limace :
petit animal au corps mou qui se déplace en rampant

Chantons les tables

fastoche : facile

L'acrobate

HÉ, LES GARS !
WOUAAAH, SANS LES MAINS !
HO
BRAVO
HÉ, LES GARS !
WOUAAAH, SANS LES PIEDS !
HEU LES GARS ...
HAAHAAAA, SANS LES DENTS !
AÏE AÏE
COPPÉE 08/03

Ferme-la

les citadins : les habitants des villes

une bouse : les excréments d'une vache

Je t'aime, mais…

Je pense à toi…

ça boume :
ça va bien

tu t'es tout enfilé :
tu as tout mangé (*langage familier*)

Coup de sang

une expérience : essai que l'on fait pour comprendre des phénomènes scientifiques

s'accumuler : devenir de plus en plus important

Leslie Bedos

Ouh ! La menteuse !

Illustré par Francine Vergeaux

Depuis qu'elle est toute petite, Margot adore faire des blagues. Au moins une fois par semaine, elle rentre de l'école toute pâle et se précipite sur ses parents pour leur raconter une histoire HORRIBLE.

être pâle : être tout blanc parce qu'on a peur

Aujourd'hui, c'est une petite fille qui a disparu dans la cour de récréation.

« La maîtresse était bien embêtée et le directeur aussi. Heureusement, la police est venue nous poser des questions à l'école et maintenant on sait qu'elle a un manteau vert et une corde à sauter avec un bout rouge et un bout jaune… Pour la corde, c'est moi qui leur ai dit, parce que c'est *ma* corde ! Alors j'aimerais bien qu'on la retrouve. »

Devant le silence amusé de son papa et de sa maman qui n'en croient pas un mot, Margot, avec ses grands yeux couleur caramel, raconte tout ça sans sourire et en rajoute encore un peu. Les belles histoires tristes, c'est comme la confiture sur les tartines du goûter, plus on en met, plus c'est bon.

« Tu aurais vu la tête de la maman, elle pleurait, elle courait partout, et elle criait : “Elsa ! Ma chérie, mon bébé, reviens !” »

un silence amusé : un silence moqueur

La semaine dernière c'est Nicolas qui avait été emmené d'urgence à l'hôpital, du sang plein la tête.
« Il s'est cogné contre le radiateur et maintenant on n'a plus de chauffage », avait raconté Margot ravie.

ravi : très heureux

Et la semaine d'avant : la pharmacie. Ah ! l'histoire de la pharmacie… celle-là elle l'avait gardée bien au chaud pour sa cousine, son adorable cousine Lola, qui a la sale manie de toujours croire les inventions de Margot.

une sale manie : une mauvaise habitude

« La pharmacienne, c'est une copine de maman que j'aime beaucoup. Elle a une pharmacie toute neuve avec des tiroirs remplis de médicaments, et le soir après l'école, j'y vais. Il y a beaucoup de travail, surtout la nuit. »

Que son papa et sa maman n'aient pas de copine pharmacienne et que les enfants qui travaillent la nuit, ce soit normalement puni par la loi, Margot, ça n'est pas son problème. L'essentiel, c'est de voir la tête de Lola qui n'en revient pas.

l'essentiel : le plus important

Comme cet été pendant les vacances quand, en pleine nuit, elle s'était mise à la fenêtre de leur chambre et avait fait croire à sa CHÈRE COUSINE que ses parents étaient en train de l'abandonner…

« Ho, Lola, y'a ta maman et ton papa qui s'en vont avec leurs valises et ta petite sœur. Ils sont même en train de prendre les chaises du jardin et toi, à mon avis, ils t'ont carrément oubliée ! »

carrément : complètement

Aujourd'hui, pour une fois, Lola n'a pas pleuré. Elle a juste demandé à sa maman de pouvoir travailler la nuit, comme Margot, dans une pharmacie. La maman de Lola s'est fâchée tout rouge.

se fâcher tout rouge : se mettre très en colère

« Arrête de raconter n'importe quoi ! » a hurlé le papa de Margot très embêté.

« Laisse ta cousine tranquille ! » a hurlé maman encore plus mal à l'aise.

mal à l'aise : gêné

Même Mamie, qui ne crie pas souvent, l'a prise dans un coin pour lui parler : « Tu sais, ma chérie, les enfants qui ont beaucoup d'imagination, c'est très bien, mais là, tu commences vraiment à exagérer. »

exagérer : aller trop loin

Après un gros baiser et une promesse de ne pas recommencer, Margot s'est endormie et toute la maison avec, rassurée… jusqu'au lendemain matin.

Ce matin-là, justement, quand le courrier a fait son petit « Pffuuuuit » en passant

sous la porte, Margot était sagement assise depuis une demi-heure, les bras croisés au premier rang de la classe de Mme Orgeolet. Dans le courrier,

il y avait des factures, deux chèques, et une enveloppe marron de l'école. C'est la lettre que les parents de Margot ont ouverte en premier. Dans la lettre il y avait écrit à peu près ceci :

« Chers parents, la maîtresse de votre fille et moi-même souhaiterions vous rencontrer afin de parler avec vous, le plus vite possible. Merci de votre compréhension. Signé : le Directeur. »

frappé : fait un autre mensonge

la cerise sur le gâteau : le comble, ce qu'il y a de plus fort

Ça leur a comme qui dirait coupé l'appétit. Silencieux et inquiets, ils n'ont rien dit jusqu'à l'école. En arrivant, ils les ont trouvés tous les deux, la maîtresse et le directeur, un peu gênés. Visiblement, Margot avait encore frappé et cette fois très fort. Comme disent les grands, la convocation chez le directeur, c'était la cerise sur le gâteau.

« Chère madame, cher monsieur, a commencé le directeur, je vous ai demandé de venir le plus vite possible. Votre enfant ne fait signer aucun carnet et prétend que c'est tout à fait impossible… »
Et la maîtresse d'ajouter :

« Quand l'autre jour j'ai demandé à chaque élève de dessiner sa maison, votre fille m'a rendu une feuille toute blanche, en m'expliquant qu'elle n'avait pas de maison, et qu'elle changeait d'hôtel tous les soirs… Elle m'a même dit : "Il ne faut pas avoir de peine pour moi, c'est très rigolo l'hôtel, et puis quand il n'y a pas de toilettes, je fais pipi dans le lavabo." »

Très en colère et un peu honteux, les parents ont essayé de rassurer la maîtresse et le directeur. Margot avait, bien sûr, comme tous les enfants, des parents, une belle chambre, des jouets, des toilettes, et même un petit frère et une baby-sitter, et l'histoire des hôtels, c'était bel et bien une sale blague de plus. Puis tout le monde s'est levé pour se serrer la main.

une baby-sitter : une personne payée pour garder les enfants en l'absence de leurs parents

Quand Margot est rentrée de l'école en fin d'après-midi, elle a vu tout de suite qu'il y avait de la fessée dans l'air. Les sourcils froncés de papa et maman, le silence du petit frère qui ne hurlait pas « Gâ-teau » comme d'habitude… c'était vraiment bizarre. Y'a pas eu de fessée, mais une histoire de carnet pas signé, d'hôtel, de lavabo, de pipi, qui lui rappelait vaguement quelque chose. Elle s'en souvenait même très bien puisque le coup du pipi, ça avait fait rire toute la classe. Mais là rien, même pas un sourire, juste quatre gros yeux qui la regardaient d'une drôle de façon,

vaguement : de façon imprécise

et le plus grave, disait son papa, c'est que le jour où il y aurait quelque chose de vrai, elle serait seule dans son coin sans personne pour l'aider. Comme le petit garçon qui criait « au loup, au loup » tous les jours et qui s'est fait manger tout cru un soir, quand le loup est vraiment venu.

Cette nuit-là, Margot a fait un horrible cauchemar. Elle était toute seule au fond de la classe près du radiateur, avec un grand manteau et un grand M écrit dessus à la craie. Un M énorme comme Margot mais surtout comme Menteuse. Dans la classe, il y avait des loups

partout, des petits, des gros, des jeunes, des vieux, et le chef des loups qui dormait tranquillement sur le bureau de la maîtresse. Margot pleurait… criait… « au loup… au loup » et personne ne venait, même pas sa copine Tiphaine qu'elle entendait rire dans la cour.

un cauchemar : un mauvais rêve qui fait peur

Quand elle s'est réveillée le lendemain matin, les cheveux tout mouillés par la

peur, Margot a voulu se lever comme tous les jours pour aller à l'école, mais impossible de se tenir debout. Elle avait mal partout, surtout aux jambes. Cette fois, c'était vrai, promis, juré, craché par terre, elle ne pouvait plus marcher.

Près du lit où elle s'était rallongée, la mère de sa cousine qui était passée par hasard a dit en faisant une grimace : « Encore une invention pour ne pas aller à l'école. »

C'était le cauchemar qui recommençait, elle criait et personne n'avait l'air de s'affoler. Mais à un moment, elle a crié si fort que sa maman a murmuré : « Et si c'était vrai ? »

s'affoler : s'inquiéter

Finalement, c'est dans les bras de sa maman que Margot est arrivée à l'hôpital d'à côté.

Après l'avoir examinée, le médecin a conclu : « C'est un rhume de hanche.
– Vous avez déjà vu une hanche éternuer, vous ? a dit la maman qui croyait que le médecin était encore plus blagueur que sa fille.
– Je ne plaisante pas, madame, c'est une réaction inflammatoire qui se localise sur les hanches à la suite d'une agression virale, ou pour être plus simple un microbe qui s'installe parfois chez les enfants après un gros rhume. Pour ne pas risquer de boiter à l'avenir, cette adorable petite fille va rester quelques jours avec nous à l'hôpital. »

inflammatoire : douloureux, qui brûle

la hanche : la partie du corps située au-dessus de la cuisse

boiter : marcher en penchant le corps plus d'un côté que de l'autre

Cette fois-ci, c'est toute la famille qui avait l'air d'avoir très mal. Surtout quand tout doucement, dans sa chambre toute

blanche, on a étendu Margot enveloppée de bandelettes jusqu'à la taille et qu'on a surélevé tout ça avec des gros poids très lourds. Tout le monde est venu la voir, elle a eu des fleurs, des bonbons, et des baisers partout, par milliers, dont deux tout mouillés du petit frère.

des bandelettes : de fines bandes qui servent à faire des pansements

désolé : triste

enrubanné : ficelé

Désolés de ne pas l'avoir crue tout de suite, son papa et sa maman venaient ensemble ou séparément, et ne la quittaient pas un seul instant. Tous pâles, mais très très gentils. Et Margot qui, la nuit, avait du mal à dormir attachée dans son lit et enrubannée comme un gros cadeau de Noël, avait définitivement compris que quand des histoires comme ça vous tombent sur la tête, vaut mieux pas avoir raconté trop de bêtises avant… Parce que c'est dur d'avoir mal quand personne ne vous croit. Enfin maintenant c'est fini.

Aujourd'hui c'est son premier jour de classe après six jours d'hôpital. Elle a revu Elsa, Nicolas, Carine, Allison et les autres. Dans la cour, ils ont fait cercle autour d'elle pour l'entendre raconter ses six jours avec sa hanche enrhumée, ses bandelettes, ses poids au bout du lit.

le culot : l'insolence, une attitude effrontée *(langage familier)*

dégoûter : décourager

Et vous savez ce que Tiphaine a eu le culot de lui crier à la fin :
« OUH ! LA MENTEUSE !... »
C'est à vous dégoûter de dire la vérité !

Table

Si tu as aimé,

Conte populaire norvégien
Les trois boucs
Illustré par Christian Kingue Epanya
5

tu aimeras aussi :

Sept contes de trolls

de Jacques Cassabois

Le Livre de Poche Jeunesse

Sept contes des pays du Nord, tour à tour drôles, effrayants et enchanteurs... Venus d'une tradition orale très ancienne et réécrits pour les jeunes lecteurs, ces contes nous apprennent que les trolls ne sont ni des nains dégourdis, ni de sympathiques lutins, mais des géants.

Si tu as aimé,

Christel Desmoinaux
Henri tête-en-l'air
Illustré par Christel Desmoinaux
27

tu aimeras aussi :

Monsieur Farfelu

de Roger Hargreaves, traduit par Agnès Bonopera

collection « Bonhomme », Hachette Jeunesse

Monsieur Farfelu ne fait décidément rien comme tout le monde.

Quand il met ses chaussures, il se trompe de pied.

Quand il se lave les dents, c'est avec le manche de la brosse (aïe !)... et ce n'est que le début de sa journée !

Si tu as aimé,

Leslie Bedos
Ouh ! La menteuse !
Illustré par Francine Vergeaux
69

tu aimeras aussi :

Le garçon qui criait : « Au loup ! »
de Tony Ross
Gallimard Jeunesse

Louis ne cesse de crier « Au loup ! Au loup ! » pour s'amuser et faire peur aux gens. « Tu te moques encore de nous, mais aujourd'hui, cela ne prend plus ! lui dirent les grandes personnes. »
La célèbre morale du loup encore plus drôle et surprenante que vous ne l'avez jamais vue.

Le bibliobus CP/CE1 Littérature cycle 2

Le bibliobus Hachette : des recueils illustrés d'œuvres intégrales, pour bâtir une culture littéraire au cycle 2.

Dans la même collection :

Conte :

La petite poule rousse

Conte populaire anglais

Un beau matin, une petite poule rousse trouve un grain de blé. Et, au lieu de le picorer, elle a la bonne idée de le semer…

Roman et Récit illustré :

Moi, quand je serai grand…

de Pierre Puddu

Comme tous les enfants, Thomas en a marre que les grandes personnes lui demandent ce qu'il veut être plus tard. Car à six ans, a-t-on vraiment envie de devenir grand ?

Roman et Récit illustré :

La sorcière de mes rêves

d'Évelyne Lallemand

Antoine adore les livres de sorcières. Il est amoureux de la grosse et méchante sorcière Baba-Barbouilla. Mais pour l'épouser, il doit passer une série d'épreuves…

Roman et Récit illustré :

Un boxeur d'un mètre dix

de Pierre Coré

Plus tard, Max rêve de devenir un boxeur poids lourd. Et il a tout prévu : un surnom, un coach, des entraînements intensifs et des combats…

Édition : Thierry Amouzou
Fabrication : Patricia Coulaud
Illustrations : Christian Kingue Epanya, Christel Desmoinaux,
Thierry Coppée, Francine Verjean
Création de la couverture : Laurent Carré, Alain Boyer
Réalisation de la couverture : François Hacker
Maquette intérieure : Laurent Carré, Michaël Funck
Réalisation : Michaël Funck
Photogravure : Nord Compo

Imprimé en Italie par Rotolito Lombarda S.p.A.
Dépôt légal n° 57775 - 05/2005
Collection n° 73 - Edition n° 01
11/6508/3